Let's Go Play in the Tidal Flats of Korea, UNESCO's World Heritage

If I asked you, "Where is the most precious land for life on Earth?" what would you say? I would say "tidal flats" right off the bat.

Don't understand why tidal flats are good? No wonder. From the looks of it, tidal flats are unappealing: it's grayish and gritty. It's hard to walk on because it's so muddy, and you can't stay long because it comes at low tide and goes away at high tide.

So, for a long time, the tidal flats were not valued. They were considered useless land. As a result, they were diked, drained and converted converted into land, while hoped to yield bigger profits by farming on it or raising factories.

Before, we had no idea how tidal flats affected the environment and what would happen if they disappeared. If fact, when they disappeared, life disappeared- water became rotten and polluted, and the ecosystem was destroyed. Only then did people start to recognize their value.

Tidal flats clean pollutants from the land and release them into the sea. They are also home to a wide variety of creatures, including midges, clams, octopuses, crabs, and more. Waterfowl and people depend on these creatures for their survival.

Korea's tidal flats are one of the top five tidal flats in the world, and they serve as a resting place for thousands of endangered migratory birds such as shorebirds, black-headed godwits, plovers, loons, and geese.

These birds feed and rest in the tidal flats as they pass through from continent to continent.

Let's take a trip to the mysterious tidal flats, and see it in action!

In the Text

* *Tidal flats, the mysterious land of ebbs and flows.*
* *Types of tidal flats*
* *Korean Tidal Flats, a UNESCO World Heritage Site!*
* *The gift of the tidal flats*
* *Representative organisms of the tidal flats ecosystem*
* *How to protect our precious tidal flats*

세계 유산,
한국의 갯벌로
놀러 가요

풀과바람 환경생각 19

세계 유산, 한국의 갯벌로 놀러 가요
Let's Go Play in the Tidal Flats of Korea, UNESCO's World Heritage

1판 1쇄 | 2024년 7월 15일
1판 2쇄 | 2025년 3월 5일

글 | 김은의
그림 | 끌레몽

펴낸이 | 박현진
펴낸곳 | (주)풀과바람
주소 | 경기도 파주시 회동길 329(서패동, 파주출판도시)
전화 | 031) 955-9655~6
팩스 | 031) 955-9657
출판등록 | 2000년 4월 24일 제20-328호
블로그 | blog.naver.com/grassandwind
이메일 | grassandwind@hanmail.net

편집 | 이영란
디자인 | 박기준
마케팅 | 이승민

ⓒ 글 김은의 · 그림 끌레몽, 2024

값 13,000원
ISBN 979-11-7147-069-3 73450

※잘못 만들어진 책은 구입처에서 바꾸어 드립니다.

제품명 세계 유산, 한국의 갯벌로 놀러 가요 | **제조자명** (주)풀과바람 | **제조국명** 대한민국
전화번호 031)955-9655~6 | **주소** 경기도 파주시 회동길 329
제조년월 2025년 3월 5일 | **사용 연령** 8세 이상
KC마크는 이 제품이 공통안전기준에 적합하였음을 의미합니다.

⚠ **주의**

어린이가 책 모서리에
다치지 않게 주의하세요.

세계 유산,
한국의 갯벌로
놀러 가요

김은의 글 · 끌레몽 그림

풀과바람

머리글

어느 날 외계인이 지구에 와서 "지구에서 가장 소중한 생명의 땅이 어디냐?"라고 묻는다면 여러분은 뭐라고 대답하겠어요? 나는 망설이지 않고 곧바로 '갯벌'이라고 말할 거예요.

갯벌이라니, 고개가 갸웃해지나요? 당연해요. 생긴 것만 보면 갯벌은 비호감이거든요. 색깔은 거무스름하고 땅은 질척질척해요. 발이 푹푹 빠져 걷기도 어렵고요. 게다가 썰물 때 나타났다 밀물 때 사라지니 오래 머물 수도 없어요.

그래서 갯벌은 오랫동안 가치를 인정받지 못했어요. 쓸모없는 땅으로 여겨져 둑을 쌓고 물을 빼내어 육지로 만들기 바빴지요. 그 땅에 농사를 짓고 공장을 지으면 더 큰 이익을 얻을 수 있다고 생각했던 거예요.

그런데 결과는 뜻밖이었어요. 갯벌이 환경에 어떤 영향을 미치는지, 갯벌이 사라지면 어떤 일이 일어날지 전혀 예상하지 못했던 거예요. 갯벌이 사라지자 생명이 사라졌어요. 물은 썩어 오염되고 생태계가 파괴되었지요. 그제야 사람들은 갯벌을 다시 보기 시작했고, 그 가치를 알아보았어요.

우선 갯벌은 육지에서 흘러온 각종 오염 물질을 정화하여 바다로 내보내요. 또 갯벌에는 갯지렁이, 조개, 낙지, 게 등 다양한 생명체가 살아요. 이 생명체에 기대어 수많은 물새와 사람들이 살아가고요.

우리나라는 갯벌이 발달했어요. 서해안 갯벌은 세계 5대 갯벌 중 하나고요. 특별히 우리나라 갯벌은 멸종 위기종 철새들의 휴게소 역할을 하고 있어요. 철

새들이 대륙을 오가면서 먹잇감을 구하고 쉬어가지요. 철 따라 도요새, 검은 머리물떼새, 가창오리, 고니, 기러기를 비롯한 철새들이 수십 마리에서 수십만 마리까지 날아옵니다.

이렇게 다양한 생명체가 어우러져 살아가는 신비의 땅 갯벌, 그 생생한 현장으로 함께 떠나볼까요? 자, 출발합니다!

김은의

차례

밀물과 썰물이 만드는 신비의 땅, 갯벌

　　지구 표면의 약 70%를 차지하고 있는 바다는 항상 물에 잠겨 있어요. 그런데 하루에 두 번 바닷물이 빠져나가는 썰물이 되었을 때 육지로 드러나는 땅이 있어요. 이 땅이 바로 '갯벌'인데, 갯벌이 만들어지는 데는 수천 년의 시간이 필요해요. 우리나라 서해안 갯벌은 약 8천 년 동안 하루도 쉬지 않고 바닷물이 밀려왔다 밀려 나가면서 흙과 모래 등이 쌓여 만들어졌어요.

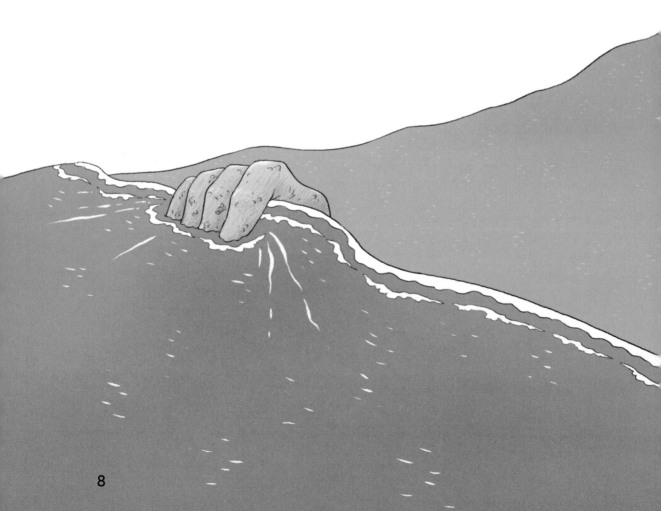

갯벌은 자연이 만든 생명의 땅

갯벌은 바다의 밀물과 썰물이 만들어요. 밀물일 때는 바다가 되었다
가 썰물일 때는 땅이 되지요. 이렇게 바다이면서 동시에 땅이기도 한
갯벌에는 수많은 생명이 깃들어 살고 있어요. 바다에 사는 물고기들과
조개들이 갯벌에 알을 낳고 새끼를 키워요. 또 많은 종류의 물새와 일
반 새들이 갯벌에서 알을 낳고, 먹이를 구하지요. 이렇게 갯벌은 알을
낳아 품고 기르는 생명의 터전이에요.

바다일까, 육지일까?

갯벌은 바다입니다. 법으로도 바다이고, 관리도 바다나 바다로 이어진 습지로 하고 있어요. 갯벌에 사는 생물 역시 바다 생물이지요. 바다 생물은 갯벌을 통해 육지 환경에 적응하는 연습을 할 수 있었어요. 그 덕분에 바다 생물이 육지 생물로 진화할 수 있었고, 육지 곳곳에 다양한 생물들이 퍼져 살게 되었지요.

갯벌은 어떻게 만들어질까?

갯벌은 바다 밑바닥에 흙과 모래 등이 쌓이고 쌓여서 만들어져요. 날마다 밀려왔다 밀려 나가는 바닷물에는 흙과 모래 등이 섞여 있는데, 이 흙과 모래가 바닷가에 차곡차곡 쌓여서 갯벌이 되지요. 그런데 그 쌓이는 양이 1년에 겨우 3~5mm밖에 되지 않아요. 그래서 갯벌이 만들어지는 데는 수천 년의 시간이 걸리죠.

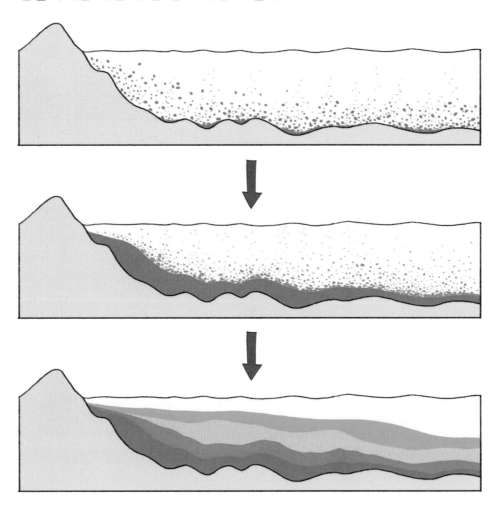

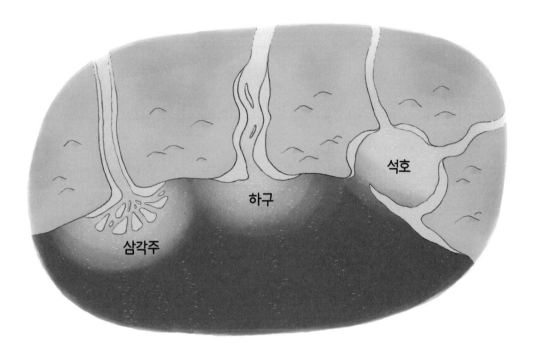

석호

하구

삼각주

갯벌이 발달하기 좋은 곳

갯벌은 아무 데나 발달하지 않아요. 갯벌이 만들어지기 위해서는 알맞은 지리적 환경이 갖춰져야 하지요. 먼저 주위에 큰 강이 있고, 바닷물이 들어올 때와 나갈 때 바닷물의 높이 차이(조차)가 커야 해요. 그래야 바닷물이 흙과 모래 등의 퇴적물을 꾸준히 더 많이 실어 나를 수 있어요.

그다음은 지형이 평평해서 퇴적물이 잘 쌓일 수 있어야 해요. 또 쌓인 퇴적물이 파도에 휩쓸려 가지 않으려면 파도가 약하고 잔잔해야 하죠. 이때 복잡한 해안선은 파도를 약하게 만들어 갯벌이 발달하는 데 중요한 역할을 한답니다.

질척질척 쓸모없는 땅이라고?

오랫동안 사람들은 갯벌을 하찮게 여겼어요. 발이 쑥쑥 빠지는 데다 물이 들어오면 바다가 되어 버리니까요. 갯벌에는 집도 지을 수 없고, 그렇다고 농사도 지을 수 없어 쓸모없는 땅이라 여겼지요. 그래서 개발이라는 이름으로 갯벌을 없애고 육지를 만들었어요.

결과는 참혹했어요. 주변 생태계가 파괴되고 수많은 생명이 무참하게 죽어갔지요. 그제야 사람들은 갯벌을 다시 보기 시작했어요. 갯벌은 버려진 땅이 아니라 수많은 동물의 쉼터이자 보금자리였어요.

더러운 물

깨끗한 물

갯벌에는 '자연의 콩팥'이란 별명이 있어요. 우리 몸의 콩팥이 노폐물을 걸러 주는 것처럼 갯벌이 바다로 흘러드는 오염 물질을 깨끗하게 하기 때문이지요. 갯벌에 사는 미생물과 플랑크톤을 비롯한 각종 동식물이 오염 물질을 분해하고 정화하는데, 우리나라 갯벌의 정화 능력은 매우 뛰어납니다. 전국의 하수종말처리장을 합친 것보다 약 1.5배나 높다고 해요.

이산화탄소
CO_2

산소
O_2

또, 지구에서 만들어지는 산소의 70% 이상이 숲이 아닌 바다에서 생산됩니다. 식물 플랑크톤이 바다에서 광합성을 통해 산소를 만들어 내는데, 갯벌의 흙에는 1g당 수억 마리의 식물 플랑크톤이 있어서 같은 면적의 숲보다 더 많은 산소를 배출해요. 갯벌이 지구를 숨 쉬게 하는 허파 구실을 하는 거지요.

갯벌의 가치는 무한대

갯벌의 가치는 계속 밝혀지고 있는데, 돈으로 따질 수 없을 만큼 무궁무진하다고 해요. 가령 홍수나 태풍, 해일이 일어났을 때 갯벌이 육지에 피해를 줄여 줍니다. 홍수로 넘치는 물을 빨아들이고, 방파제를 뛰어넘는 파도도 받아 주지요.

또 갯벌은 지구의 온도를 조절하기도 해요. 지구 환경이 급격하게 변화하는 것을 막고, 동식물이 서서히 적응할 수 있게 하죠. 아무리 뛰어난 과학 기술이라도 이런 갯벌을 대신할 순 없어요.

18

저어새

알락꼬리마도요

큰뒷부리도요

왕눈물떼새

갯벌의 기능

갯벌의 기능은 매우 다양해요. 첫째는 다양한 생물의 서식지가 되고 있어요. 날마다 밀물과 썰물이 드나드는 갯벌은 산소가 풍부하고 먹이가 많아 생물의 종류가 매우 다양하지요. 둘째는 사람들에게 풍부한 먹을거리를 제공해요. 갯벌에 사는 조개, 새우, 낙지 등은 우리의 중요한 식량 자원이에요. 셋째는 갯벌에 사는 생물이나 철새를 관찰하는 자연 학습장의 역할도 하고 있어요. 갯벌은 휴식이나 관광 등의 레저 공간으로도 중요한 역할을 하고 있죠.

우리나라 바다의 특징

우리나라는 동해, 서해, 남해로 삼면이 바다로 둘러싸여 있어요. 동해는 물이 깊고 맑아서 해수욕장으로 인기가 많아요. 서해는 물이 얕고 밀물과 썰물의 차이가 커서 갯벌이 크게 발달했어요. 물이 빠지면 끝이 보이지 않을 만큼 드넓은 갯벌이 제 모습을 드러내지요. 남해는 해안선이 매우 복잡하고, 크고 작은 섬이 많아 '다도해'라고 불러요. 남해안 역시 크고 작은 갯벌이 발달했어요.

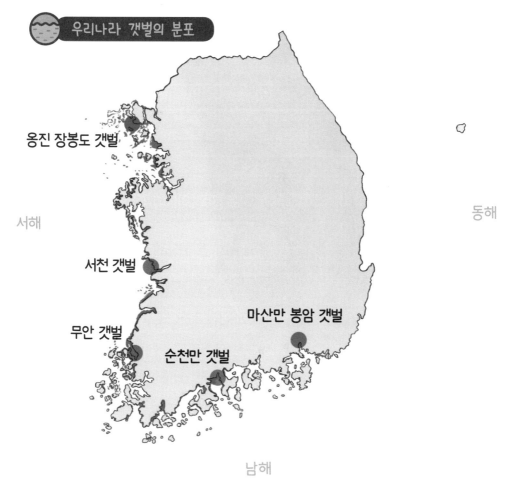

우리나라 갯벌의 분포

옹진 장봉도 갯벌

서해

동해

서천 갯벌

마산만 봉암 갯벌

무안 갯벌

순천만 갯벌

남해

갯벌과 함께 살아가는 사람들

갯벌에는 다른 곳에서는 찾아볼 수 없는 특별한 시간이 있어요. 바로 물이 들어오고 나가는 물때지요. 갯벌에서 일하는 사람들은 물이 빠지는 시간이 출근 시간이고 물이 들어오는 시간이 퇴근 시간이에요. 물때가 길 때는 많이 일하고 짧을 때는 적게 일하지요.

갯벌은 사람들에게 한정된 시간만을 내줘요. 조개를 더 잡고 싶어도 물이 들어오면 곧바로 나와야 하지요. 그래서 갯벌에서는 욕심을 부릴 수가 없답니다.

갯벌과 간척

간척은 갯벌을 메워서 땅을 만드는 일이에요. 오랫동안 사람들은 간척에 많은 힘을 기울였어요. 갯벌을 육지로 만들면 국토를 늘릴 수 있고, 더 많은 이익을 얻을 수 있다고 생각했던 거지요. 그러나 갯벌이 사라지자 생태계가 파괴되는 등 엄청난 문제들이 생겨났어요. 쓸모없어 보였던 갯벌이 사실은 큰 역할을 했거든요.

② 퇴적물에 따른 갯벌의 모습

갯벌은 강에서 흘러온 흙과 모래 등의 퇴적물이 파도가 잔잔한 해안에 오랫동안 쌓여서 만들어집니다. 밀물과 썰물의 차이가 크면 퇴적물이 더 많이 쌓여서 갯벌이 잘 형성되지요. 갯벌은 퇴적물에 따라 찰흙같이 질고 고운 펄로 된 곳도 있고, 모래가 많이 섞인 곳도 있어요. 산 가까이 있어서 자갈이 많은 곳도 있고, 크고 작은 갯바위로 덮여 있는 곳도 있지요.

모래 언덕 침식

강으로부터 흘러드는
퇴적물

파도, 해류 등의 작용으로
해안을 따라 쌓이는 퇴적물

산의 침식

폭풍이 지난 뒤 모래가
되돌아옴

갯벌의 열쇠, 밀물과 썰물

바다는 하루에 두 번 밀물과 썰물이 일어나요. 밀물은 바닷물이 밀려 들어오는 현상이고, 썰물은 바닷물이 빠져나가는 현상이에요. 이 밀물과 썰물이 갯벌을 만들어요. 바닷물이 밀려왔다 빠져나가면서 바닷가에 흙과 모래 등의 퇴적물을 쌓아 놓지요. 만약 바다에 밀물과 썰물이 없다면 갯벌은 만들어질 수 없어요.

밀물과 썰물이 생기는 이유

달이 바닷물을 끌어당기기 때문이에요. 지구와 달 사이에는 서로 끌어당기는 힘인 '인력'이 있어요. 달과 가까운 쪽은 강하게 당기고 먼 쪽은 약하게 당기지요. 그런데 물은 액체이기 때문에 고체인 육지보다 강하게 당기는 쪽으로 움직여요. 이때 달과 먼 지구 반대편에도 바닷물이 차오르는데, 이 지역은 달의 인력보다 지구의 원심력(원운동을 하는 물체가 중심에서 멀어지려는 힘)이 더 크기 때문이지요.

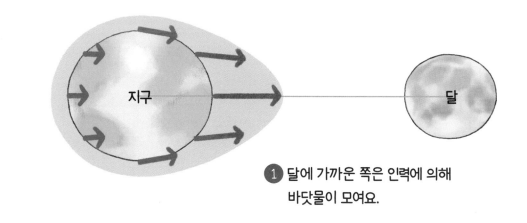

① 달에 가까운 쪽은 인력에 의해
바닷물이 모여요.

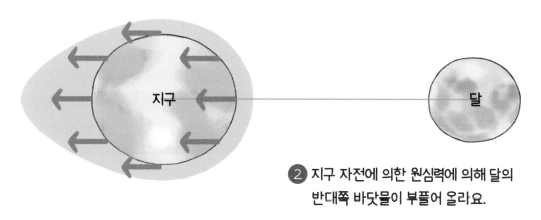

② 지구 자전에 의한 원심력에 의해 달의
반대쪽 바닷물이 부풀어 올라요.

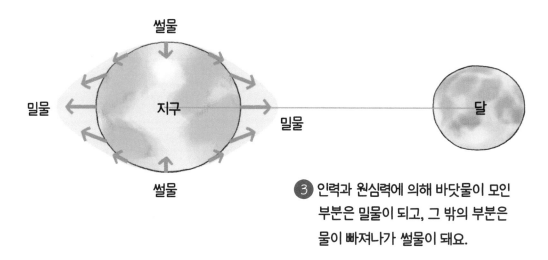

③ 인력과 원심력에 의해 바닷물이 모인
부분은 밀물이 되고, 그 밖의 부분은
물이 빠져나가 썰물이 돼요.

만조와 간조

'만조'는 하루 중 바닷물이 가장 높이 차올랐을 때이고, '간조'는 가장 많이 빠졌을 때를 말해요.

이때 만조에서 다음 만조까지 또는 간조에서 다음 간조까지의 시간을 '조석 주기'라고 하는데, 조석 주기는 평균 12시간 25분이에요. 바닷가 사람들은 이 시간에 맞춰 바다에 나가기도 하고 들어오기도 하지요.

밀물과 썰물의 차가 가장 클 때와 가장 작을 때

만조와 간조 때 바닷물의 높이를 비교해 보면 그 크기가 일정하지 않고 늘 달라요. 이것을 '조차'라고 하는데 조차는 달과 태양의 위치에 따라 달라져요. 밀물과 썰물의 차가 가장 클 때는 지구와 태양과 달이 일직선에 놓이는 보름과 그믐이에요. 이때를 '사리'라고 하지요. 반대로 밀물과 썰물의 차가 가장 작을 때는 지구와 태양과 달이 직각으로 놓이는 상현과 하현이에요. 이때를 '조금'이라고 하지요.

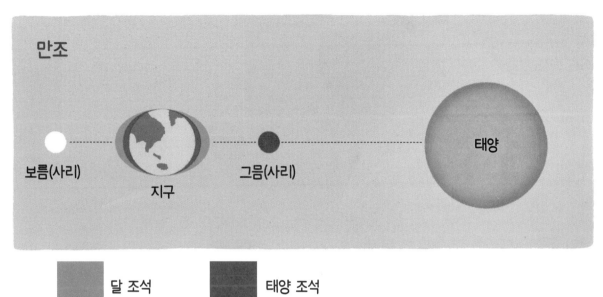

만조

보름(사리)　지구　그믐(사리)　태양

달 조석　태양 조석

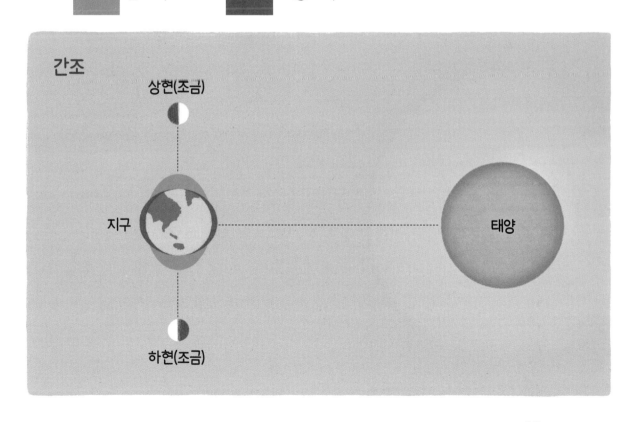

간조

상현(조금)

지구　태양

하현(조금)

퇴적물에 따른 갯벌의 이름과 종류

흔히 갯벌이라고 하지만 갯벌에도 종류가 있어요. 주로 쌓인 퇴적물이 무엇이냐에 따라 이름과 종류가 다르지요. 해수욕하기 좋은 모래 갯벌도 있고, 모래와 자갈이 섞여 있는 혼합 갯벌도 있어요. 완전히 펄로 이루어져 발이 푹푹 빠지는 갯벌이 있는가 하면 비행기 이착륙이 가능할 정도로 단단한 갯벌도 있지요.

30

진흙 갯벌

우리나라에 가장 많은 갯벌이에요. 갯벌 하면 떠오르는 질퍽질퍽한, 펄이 많은 갯벌이 진흙 갯벌이지요. 진흙 갯벌은 퇴적물의 알갱이가 너무 작아서 주로 물의 흐름이 느린 강 하구나 물길이 굽어진 곳에 잘 발달해요. 순천만, 벌교, 강화도, 경기만 등이 진흙 갯벌로 유명하지요.

모래 갯벌

모래가 대부분인 갯벌을 모래 갯벌이라고 해요. 모래 갯벌은 물의 흐름이 빠른 수로 주변이나 해변에 많이 만들어져요. 바닥이 단단해서 발이 빠지지 않지만, 파도에 가장 잘 떠내려가요. 우리나라 대표적인 모래 갯벌로는 해수욕장으로 널리 알려진 안면도 꽃지 갯벌과 태안군 만리포 갯벌 등이 있어요.

혼합 갯벌

혼합 갯벌은 모래와 진흙이 섞여 있는 갯벌이에요. 주로 물의 흐름이나 속도가 일정하지 않은 곳에 생기지요. 모래와 진흙이 섞여 있어 게나 조개가 구멍을 파고 살기 알맞아요. 무의도 갯벌은 진흙·모래·자갈이 모두 섞여 있는 혼합 갯벌이랍니다.

한국의 갯벌, 세계 유산이 되다!

한국의 갯벌이 세계가 주목하는 유네스코(UNESCO) 세계 유산이 되었어요. 우리나라 서해안과 남해안의 대표적인 갯벌인 충남 서천 갯벌, 전북 고창 갯벌, 전남 신안 갯벌, 전남의 보성·순천 갯벌로 이뤄진 연속 유산이에요. 모두 습지 보호 지역으로 지정된 곳들이지요.

한국의 갯벌은 생물 다양성 보전과 멸종 위기 철새 기착지로서의 탁월한 가치를 인정받아 유네스코 세계 유산으로 등재되었어요.

WORLD HERITAGE
한국의 갯벌

UNESCO

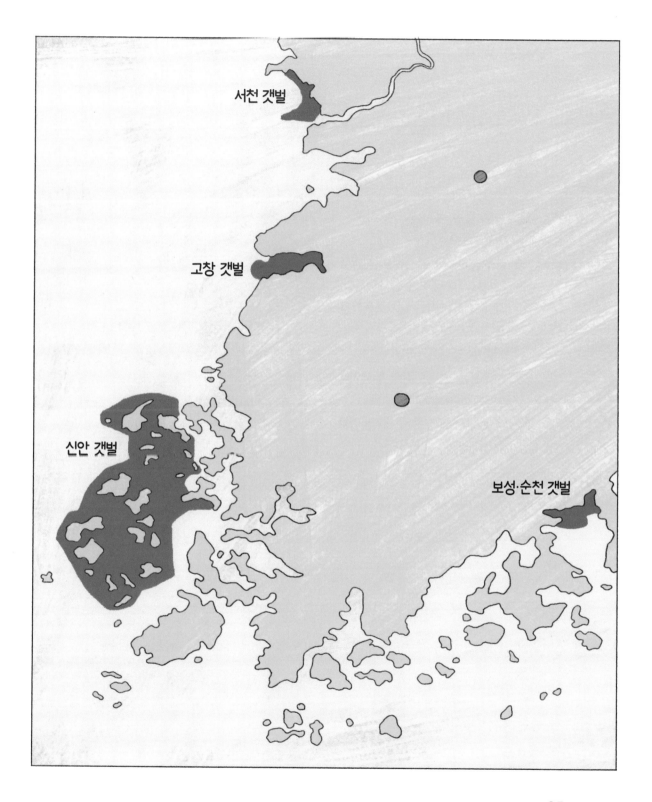

서천 갯벌

고창 갯벌

신안 갯벌

보성·순천 갯벌

한국의 갯벌

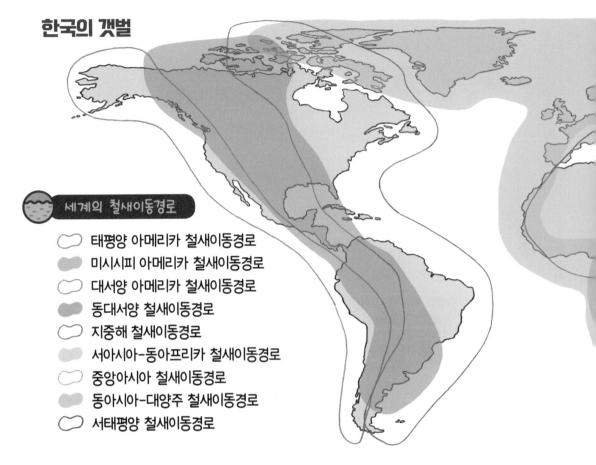

세계의 철새이동경로

- 태평양 아메리카 철새이동경로
- 미시시피 아메리카 철새이동경로
- 대서양 아메리카 철새이동경로
- 동대서양 철새이동경로
- 지중해 철새이동경로
- 서아시아-동아프리카 철새이동경로
- 중앙아시아 철새이동경로
- 동아시아-대양주 철새이동경로
- 서태평양 철새이동경로

한국의 갯벌은 지구의 생물 다양성 보전을 위해 세계적으로 중요하고 의미 있는 서식지 중 하나예요. 특히 대륙을 오가는 철새들의 중간 휴게소로서 그 가치가 더욱 크지요. 해마다 약 5천만 마리의 철새가 '동아시아-대양주 철새이동경로(EAAFP)'를 이용하는데, 이들 대부분이 서해안 갯벌에서 먹이를 구하고 쉬면서 에너지를 충전해요. 만약 한국의 갯벌이 없어지게 된다면 쉴 곳을 잃은 철새들이 날아가다 지쳐서 죽는 현상이 일어나지요.

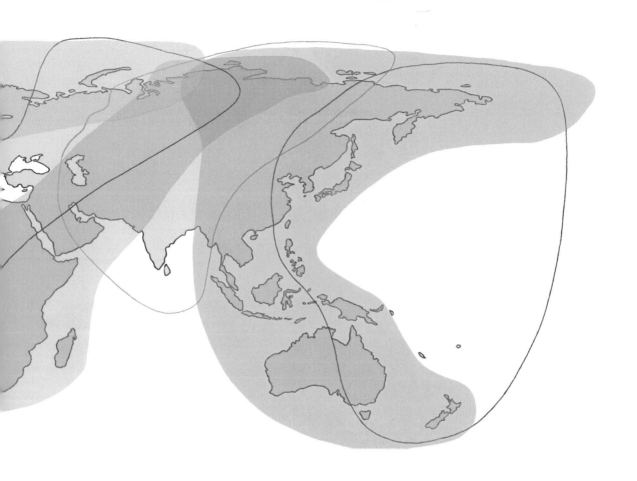

동아시아-대양주 철새이동경로

　동아시아-대양주 철새이동경로는 러시아의 극동 지방과 미국의 알래스카로부터 동아시아, 동남아시아를 지나 호주와 뉴질랜드에 이르는, 22개국을 지나는 경로예요. 세계의 철새이동경로 중에서 가장 많은 새가 이용하고, 세계적으로 멸종 위기에 처한 이동성 물새가 가장 많고, 가장 다양한 종류의 철새들이 이용하는 경로지요.

노랑부리저어새

저어새

저어새는 부리가
주걱 모양이네.

알락꼬리마도요

검은머리물떼새

넓적부리도요

38

범게

어, 너 벌써 도착해 있었구나?

한국의 갯벌과 지구의 생물 다양성

한국의 갯벌은 지구의 생물 다양성에서 매우 특별한 의미와 가치가 있어요. 세계적으로 몇백 마리밖에 남지 않은 넓적부리도요를 비롯해 저어새, 알락꼬리마도요, 검은머리물떼새 등 멸종 위기에 처한 물새 27종과 해양 무척추동물 5종이 서식하고 있어요. 그뿐 아니라 호랑이 무늬가 있는 희귀종 범게를 포함해 약 2천 종 이상의 생물이 살아요. 다른 지역에서는 쉽게 찾아볼 수 없는 높은 생물 다양성을 보여 주지요.

우리나라 갯벌의 넓이

우리나라 갯벌의 넓이는 약 2400㎢입니다. 이것은 서울시의 4배이고, 우리나라 전체 면적의 약 2.4%를 차지하는 엄청난 넓이예요. 그중 약 83%가 서해안에 있고, 나머지는 남해안에 있어요. 특히 서해안에 갯벌이 발달한 것은 해안선이 복잡하기 때문이에요. 구불구불한 우리나라 해안선을 일직선으로 쭉 펴면 1만 km가 넘는다고 해요. 이 길이는 지구 둘레의 4분의 1 정도랍니다.

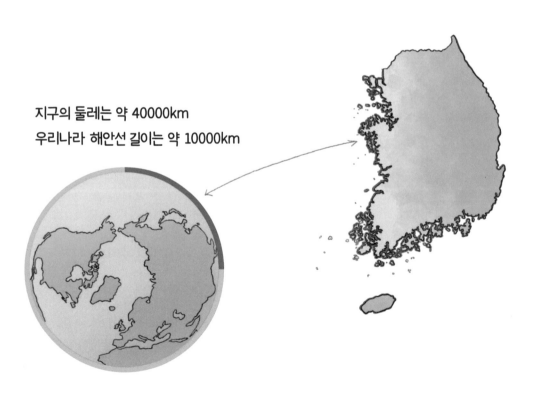

지구의 둘레는 약 40000km
우리나라 해안선 길이는 약 10000km

갯벌

=

갯벌의 가치

갯벌은 전 지구 생태계 면적의 약 0.3% 정도예요. 하지만 자연의 정화조이자 지구의 허파 구실을 하는 갯벌의 생태적 가치는 숲의 10배, 농경지의 100배 이상이지요. 돈으로 계산하면 갯벌 1㎢의 연간 가치는 63억 원으로, 우리나라 갯벌의 한 해 경제적 가치는 약 16조 원에 이르러요. 하지만 이것은 숫자에 지나지 않고, 실제 갯벌의 가치는 무한대라고 해양학자들은 말해요.

세계 유산에 등재된 한국의 갯벌

우리나라 갯벌이 세계 유산 가운데 자연 유산에 등재된 것은 세계인이 지키고 보호해야 할 만큼 그 가치가 크기 때문이에요. 유네스코 세계유산위원회는 '한국의 갯벌'을 '탁월한 보편적 가치가 인정된다'고 평가했어요.

2023년 등재 기준, 한국의 세계 유산은 16개예요.

'세계 유산'이란 미래 세대에 전달할 만한 인류 보편적 가치가 있는 자연이나 문화를 보존하기 위해 유네스코가 지정하는 유산이다. 그 특성에 따라 자연 유산, 문화 유산, 복합 유산으로 분류한다.

세계 유산이 된 한국 갯벌의 면적

세계 유산이 된 한국 갯벌의 면적은 약 1300㎢입니다. 우리나라 전체 갯벌의 절반이 넘는 면적이지요. 우리나라 영토로 보면 약 1.2%가 유네스코가 인정한 세계 유산이에요.

충남

서천 갯벌

저어새

검은머리물떼새

넓적부리도요

서천 갯벌

충남 서천 갯벌은 장항읍 금강 하구에 있는 유부도 일대를 말해요. 겨울철이면 수십만 마리의 철새가 날아오는 곳으로 잘 알려졌어요. 유부도 갯벌에는 세계적으로 멸종 위기종인 넓적부리도요를 비롯하여 검은머리물떼새, 저어새 등 희귀종이 많이 날아와요. 해안선이 구불구불하고 질퍽질퍽한 진흙이 켜켜이 쌓여 있어 생물 다양성이 매우 높지요.

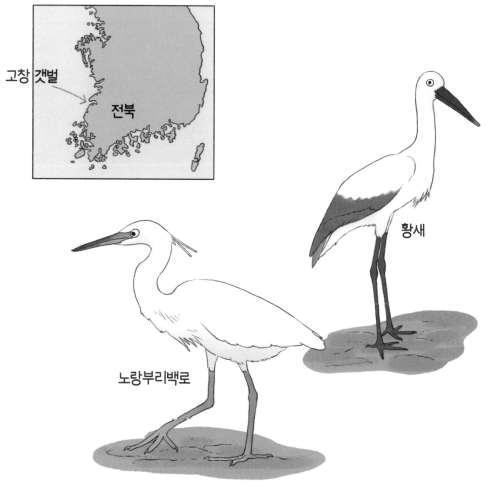

고창 갯벌

고창 갯벌은 전북 부안면, 해리면, 심원면에 걸쳐 있어요. 계절에 따라 진흙 갯벌, 모래 갯벌, 혼합 갯벌로 모습이 바뀌는 세계적으로 희귀한 갯벌이지요. 멸종 위기 야생 생물 I급인 노랑부리백로, 황새가 관찰되고, II급인 구렁이, 맹꽁이, 남생이, 검은머리물떼새 등 법정 보호종과 약 754종의 다양한 생물이 살아가고 있어요.

신안 갯벌

신안 갯벌은 한국 전체 갯벌 면적의 15%를 차지할 정도로 그 규모가 엄청나요. 이번에 세계 유산에 오른 한국의 갯벌에는 신안 갯벌이 85%를 차지하고 있어요.

그런데 신안 갯벌은 크기만 큰 게 아니에요. 종류까지 매우 다양해서 진흙 갯벌, 모래 갯벌, 혼합 갯벌, 자갈 갯벌 등 전 세계 모든 종류의 갯벌을 두루 갖추고 있어요. 특히 지구에서 가장 두꺼운 최대 40m의 진흙 퇴적층이 있어 전 세계 해양생태학자들의 관심을 끌어모으고 있지요. 자연 생태계도 매우 발달하여 짱뚱어를 비롯하여 붉은발말똥게, 흰발농게, 칠게, 갯지렁이, 조개 등 다양한 갯벌 생물들이 많이 살아요.

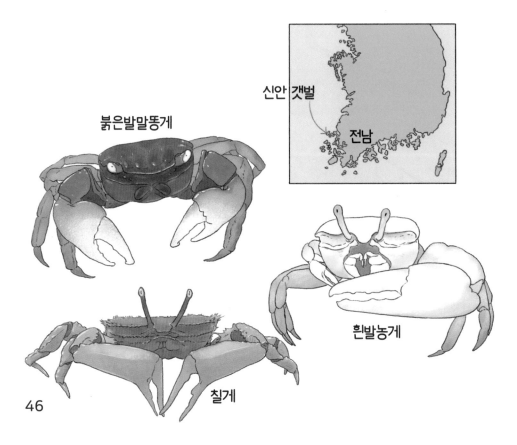

신안 갯벌

전남

붉은발말똥게

흰발농게

칠게

보성·순천 갯벌

　보성·순천 갯벌은 금강에서 시작한 갯벌 퇴적물이 마지막으로 쌓이는 곳이에요. 민물과 바닷물이 만나는 곳에 갈대밭과 칠면초 군락지가 드넓게 펼쳐져 있어요. 또, 발이 푹푹 빠지는 진흙 갯벌에 꼬막이 많이 살아서 국내 최대 꼬막 생산지로 잘 알려졌어요. 멸종 위기종인 흑두루미가 겨울을 나고, 노랑부리저어새 등 25가지의 국제 희귀 조류와 220여 가지 조류가 이곳을 찾아와 철새 관광지로, 생태적 가치를 인정받고 있어요.

경남

보성·순천 갯벌

노랑부리저어새

흑두루미

세계적인 우리나라 갯벌

우리나라는 세계적인 갯벌 부자 나라예요. 우리나라 서해안과 남해안은 완만한 경사에 수심이 얕고 조수 간만의 차가 커서, 갯벌이 발달하기 좋은 조건을 모두 갖추고 있어요.

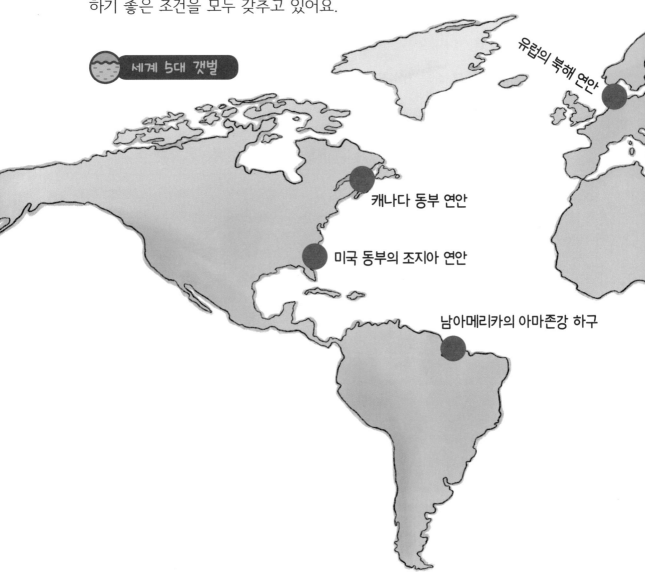

세계 5대 갯벌

유럽의 북해 연안

캐나다 동부 연안

미국 동부의 조지아 연안

남아메리카의 아마존강 하구

서해안 갯벌

서해안 갯벌, 세계 5대 갯벌이 되다!

서해안 갯벌은 캐나다 동부 연안, 미국 동부의 조지아 연안, 유럽의 북해 연안, 남아메리카의 아마존강 하구와 더불어 세계 5대 갯벌 중 하나예요. 우리나라 갯벌의 83%가 서해안에 있고, 서해안 갯벌에는 바지락, 맛조개, 대합, 낙지, 밤게, 꽃게 등의 수산물이 풍부하지요.

천연기념물이 된 강화도 남단의 갯벌

강화도 남단의 갯벌은 세계 5대 갯벌 중 하나예요. 우리나라의 대표적인 진흙 갯벌로, 멸종 위기종이자 천연기념물인 저어새가 짝을 짓고 번식하는 곳으로 유명하지요. 특히 '여차리-동막리-동검리'를 잇는 강화도 남단의 갯벌은 보존 가치가 높은 세계적인 갯벌로, 저어새와 함께 천연기념물로 지정되었어요.

또, 서해에서만 볼 수 있는 농게, 칠게, 방게가 셀 수 없이 많고, 펄쩍펄쩍 뛰어다니는 이름만큼이나 재미있게 생긴 물고기 짱뚱어도 만날 수 있어요.

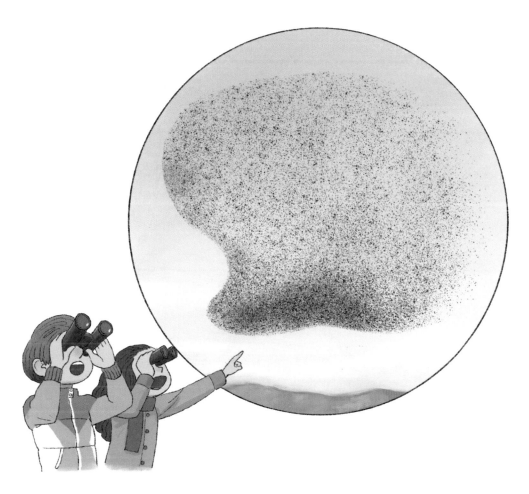

세계 최대 철새 도래지 천수만 갯벌

충남 서산의 천수만은 세계 최대의 철새 도래지입니다. 매년 300여 종 40여 만 마리의 철새들이 찾아오지요. 10월 중순부터 수십만 마리의 가창오리 떼가 천수만을 찾고, 청둥오리, 혹부리오리, 큰기러기, 흰뺨검둥오리, 고방오리 따위가 해마다 떼를 지어 천수만을 찾아옵니다. 이른 아침이나 해가 질 무렵, 하늘을 새카맣게 뒤덮는 가창오리 떼의 비행은 천수만에서만 볼 수 있는 아름다운 군무랍니다.

섬이 많아 더욱 아름다운 전라남도 갯벌

서해안과 남해안이 맞닿아 있는 전라남도는 전국에서 가장 넓은 갯벌을 가지고 있어요. 우리나라 갯벌의 약 44%를 차지하고 있는데, 섬이 많고 해안선이 복잡하여 갯벌의 형태도 매우 다양하지요.

전라남도 갯벌은 서해안의 영광군, 무안군, 신안군에 80%에 가까운 갯벌이 분포되어 있어요. 특히 섬이 많은 신안군에 가장 넓은 갯벌이 만들어졌지요. 이 지역에는 진흙 갯벌이 발달하여 낙지, 망둑어, 갯지렁이류가 가장 많이 살고 있어요.

① 물을 넣어 갯벌에 구멍을 만들어요.

② 다리를 움직여 구멍을 넓히며 물을 넣어요.

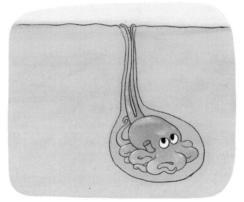

③ 다리를 이용해 숨구멍을 만들어요.

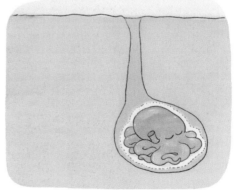

④ 굴 모양을 유지하기 위해 다리들을 오므려요.

갯벌이 우리에게 주는 선물

갯벌은 자연의 보물창고예요. 농사처럼 땅을 일궈 씨앗을 뿌리거나 가꾸지 않아도 스스로 생명을 품고 길러내지요. 다양한 생물들이 집을 짓고 살아가는 생활 터전이고, 이 생물들에 기대 수많은 동식물이 먹고살아요. 사람들은 조개, 낙지, 꽃게 등 다양하고 풍부한 수산물을 얻고 있어요.

자연재해로부터 보호해 주는 고마운 장소

  갯벌은 육지와 바다 사이에 있으면서 오염된 강물을 깨끗하게 걸러 바다로 내보내요. 큰비가 내려 강물이 넘치면 강물을 흡수하여 홍수 피해를 줄이고, 태풍이 불어 파도가 몰아치면 완충 역할을 하여 육지를 보호하지요.

오염된 물 정화

갯벌 가장자리에 자라는 갈대와 같은 식물들은 물속에 섞여 있는 오염 물질들을 걸러내요. 걸러진 오염 물질들이 바닥으로 가라앉으면 갯벌에 사는 수많은 미생물이 오염 물질을 분해하지요. 미국의 한 대학에서는 실험을 통해 1㎢의 갯벌이 오염 물질 2.17톤(2170kg)을 정화할 수 있다는 것을 밝혀냈어요.

홍수 예방과 해일로부터 육지 보호

갯벌은 한꺼번에 많은 양의 물을 저장할 수 있어요. 그래서 홍수가 났을 때는 물을 저장하여 홍수 피해를 줄이고, 저장한 물은 다시 천천히 내보내 메마른 땅을 적시지요. 또, 태풍이나 해일로부터 육지를 보호해요. 거대한 태풍이나 해일도 갯벌에 부딪히면 그 힘이 한풀 꺾이지요. 게다가 드넓은 갯벌은 주변의 온도와 습도를 조절하는 기능까지 합니다.

다양한 생물이 건강하게 살아가는 터전

갯벌은 다양한 생물들의 집이에요. 박테리아 같은 미생물부터 갯지
렁이, 게, 조개 등 수많은 생명체가 살지요. 특히 갯벌에는 미생물의 수
가 많아서 땅이 기름지고 영양분이 풍부해요. 그 덕분에 더욱 다양한
종류의 생물이 수없이 많이 살아가고, 생태계는 순환하지요. 우리도 그
혜택을 누리며 살아가고 있어요.

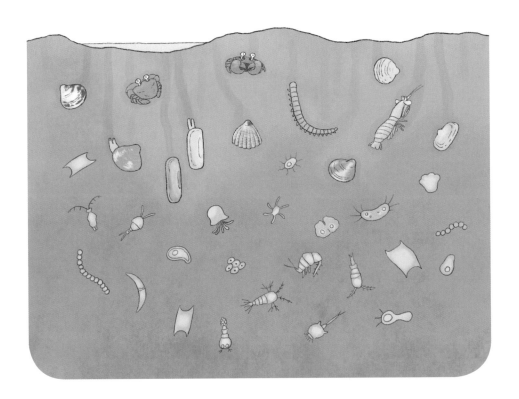

이산화탄소(CO_2) 산소(O_2)

광합성

지구 최초의 생명체
시아노박테리아

바다는 모든 생명의 어머니

지구 최초의 생명체는 바다에서 태어났어요. 약 35억 년 전, 바다에서 최초의 생명체 박테리아가 진화하면서 다양한 생물이 생겨났어요. 이 다양한 생물이 진화에 진화를 거듭하면서 육지 생물로 진화했어요. 이때 갯벌은 바다 생물이 육지에 적응하는 데 큰 역할을 했지요. 갯벌에서 적응 훈련을 끝낸 바다 생물이 육지로 올라왔고, 다시 수많은 진화를 거쳐 인류가 나타났어요. 그 인류가 진화하여 지금 우리가 살고 있어요.

갯벌 생태계

모든 생물은 서로 먹고 먹히며 살아가요. 갯벌을 터전으로 살아가는 생물들도 마찬가지지요. 갯벌에서 생산자는 아주 작은 크기의 식물 플랑크톤이에요. 이 식물 플랑크톤은 광합성을 해서 스스로 양분을 만드는데 갯벌 생물들의 중요한 먹이가 되지요.

조개나 바지락, 짱뚱어나 칠게와 같은 작은 생물들은 식물 플랑크톤을 먹고, 숭어와 같은 물고기는 갯지렁이나 새우 등을 잡아먹어요. 또 괭이갈매기나 저어새 같은 새들은 조개나 게는 물론이고 물고기까지 잡아먹어서 갯벌 최고의 포식자이지요.

그리고 눈에 보이지 않는 바이러스, 세균, 박테리아와 같은 미생물들이 갯벌 생물을 분해하여 갯벌이 썩지 않게 하지요.

양식장과 관광지로도 인기 만점

    갯벌에는 자연 그대로의 상태에서도 다양한 생물이 살아요. 하지만 최근에는 육지에서 논밭에 농사를 짓듯이 갯벌에서도 바다에 사는 각종 생물을 기릅니다. 이것을 '양식'이라고 하는데 갯벌에서는 주로 굴, 조개, 홍합, 김 등을 기르지요. 또, 갯벌은 주변의 아름다운 경치를 구경하며 쉬기도 하고, 해수욕을 즐기는 등 관광지로도 큰 인기를 끌고 있어요.

휴식과 관광

갯벌은 도시 생활에 지친 사람들이 편안하게 쉬면서 자연을 즐길 수 있는 휴식의 공간입니다. 갯벌에서는 해가 뜨고 지는 일출과 일몰을 볼 수 있어요. 밀려왔다 밀려가는 파도를 보며 모래성을 쌓을 수도 있고요.

철새가 떼를 지어 하늘을 나는 아름다운 군무도 구경할 수 있어요. 여름에는 해수욕을 즐길 수 있고, 바위 해안에서는 낚시도 할 수 있어요. 그리고 바닷가에 사는 지역 주민에게는 관광 수입을 올릴 수 있는 귀중한 자연 자원이지요.

갯벌 생태 체험

갯벌에 가면 바다 생물들의 모습을 직접 관찰할 수 있어요. 체험을 떠날 때는 먼저 탐사할 갯벌을 정하고, 그 갯벌이 진흙 갯벌인지 모래 갯벌인지 혼합 갯벌인지 등을 알아야 해요. 그래야 그 갯벌에 맞는 신발과 옷 등을 챙길 수 있고, 그 갯벌에 사는 조개나 게의 종류, 식물의 종류, 철새의 종류 등을 자세하게 조사할 수 있어요.

또, 야외 활동이기 때문에 날씨도 확인하고, 썰물과 밀물 시간을 미리 알아보는 것도 중요해요. 그리고 체험을 마치고는 갯벌 생물들에게 피해를 주지 않도록 쓰레기를 반드시 가져와야겠지요?

갯벌 생태계 대표 생물

바닷물이 빠진 갯벌에는 먹이를 찾아 나선 생물들이 와글와글합니다. 갯지렁이는 끊임없이 흙을 파먹으며 갯벌을 기어다녀요. 게들은 집게발로 흙 속의 영양분을 파먹고, 작은 동물과 죽은 생물의 살을 말끔히 먹어 치우지요. 조개는 긴 주둥이를 밖으로 내밀어 물속에 떠 있는 영양분을 걸러 먹어요. 이런 갯벌 생물들을 먹고 사는 물고기와 새들도 갯벌의 중요한 식구이지요.

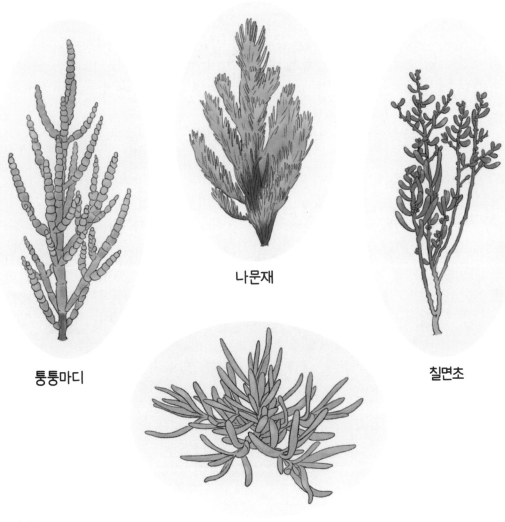

나문재

통통마디

칠면초

방석나물

갯개미취

해당화

모래지치

갯질경이

갯벌에 사는 식물

바닷물이 들고 나는 소금기 많은 바닷가에도 식물들이 자랍니다. 질척질척한 진흙 갯벌 가장자리에는 칠면초, 방석나물, 나문재, 퉁퉁마디 등이 자라고, 까슬까슬한 모래 갯벌 가장자리에는 갯질경이, 해당화, 모래지치, 갯개미취 등이 자라지요.

진흙 갯벌에서 잘 자라는 갈대와 갈대숲

갈대는 강 하구와 갯벌이 만나는 물기가 많은 땅에서 무리 지어 자랍니다. 순천만에는 갈대가 빽빽하게 자라 숲을 이루고 있어요. 바다로 이어지는 갯벌 주변에는 약 5.4㎢에 이르는 갈대밭이 있는데, 우리나라에서 가장 넓고 잘 보전된 갈대밭이에요.

갈대는 오염된 물을 정화하여 바다로 내보내고, 차가운 바람을 막아 물고기는 물론이고 겨울 철새들의 따뜻한 보금자리가 되어 주지요.

바닷가에 사는 염생 식물

소금기가 많은 갯벌에서 사는 식물을 '염생 식물'이라고 해요. 보통 식물은 소금물을 주면 죽지만, 염생 식물은 바닷물을 먹고 살아요. 염생 식물 중에 칠면초, 퉁퉁마디, 나문재는 봄에는 녹색이지만 가을이면 붉은색으로 변해 아름다운 장관을 연출하지요. 염생 식물은 어린순을 나물로 먹기도 하고, 한약재로도 사용해요. 최근에는 미용 재료 등 다양하게 활용되고 있어요.

바닷가 모래땅에서 자라는 해당화

바닷가 모래땅에도 꽃이 핍니다. 해당화는 '바닷가의 장미'라고 불러요. 줄기에는 가시와 털이 많고, 5~7월에 붉은색 꽃이 피지요. 어린순은 나물로 먹고 뿌리는 당뇨병, 치통, 관절염에 좋은 것으로 알려졌어요. 꽃은 진통과 지혈은 물론 향수의 원료로도 사용한답니다.

해당화

바다의 식물 해조류

바다에서 나는 김, 미역, 다시마, 톳 등의 해조류는 우리 식탁에 자주 오르는 소중한 먹을거리입니다. 해조류는 빛깔에 따라 구분되는데, 갯바위에 흔하게 돋아나는 파래는 푸른빛을 띠어 '녹조류'라고 해요. 바닷속 바위에 붙어사는 미역이나 다시마는 갈색빛을 띠어 '갈조류'라고 하고, 조금 더 깊고 어두운 곳에서 자라는 김이나, 묵을 만들어 먹는 우뭇가사리는 붉은빛을 띠어 '홍조류'라고 하지요.

녹조류

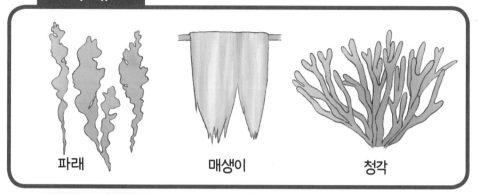

파래   매생이   청각

갈조류

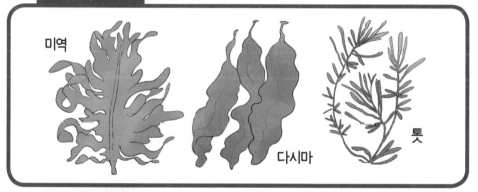

미역   다시마   톳

홍조류

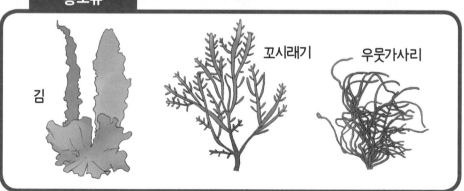

김   꼬시래기   우뭇가사리

갯벌에 사는 동물

갯벌에는 매우 다양한 동물들이 살아갑니다. 육지와 바다라는 전혀 다른 두 세계가 만나는 곳이기 때문이지요. 해파리는 바닷물에 둥둥 떠다녀요. 별처럼 생긴 불가사리는 조개를 잡아먹고, 밤송이처럼 생긴 성게는 가시를 세워 몸을 지켜요. 게는 갯벌을 뽈뽈뽈 기어다니고, 갯지렁이는 갯벌을 요리조리 헤집고 다녀요. 갯벌에는 뭍에서는 볼 수 없는 신기한 동물들이 참 많습니다.

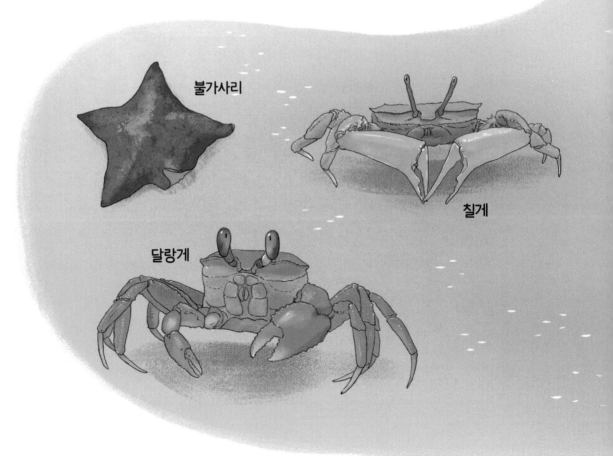

불가사리

칠게

달랑게

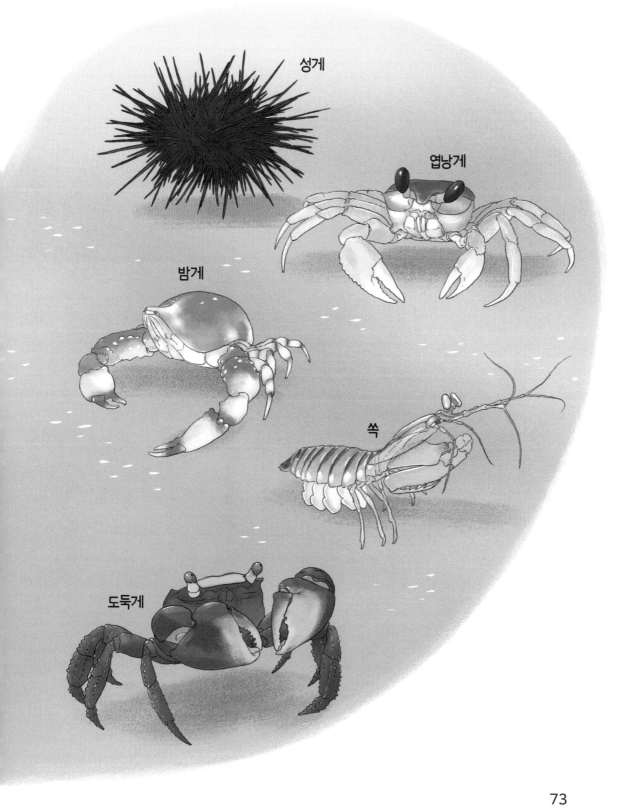

성게

엽낭게

밤게

쏙

도둑게

갯벌에 숨구멍을 내는 갯지렁이

갯벌을 가만히 들여다보면 금방 눈에 띄는 것이 있어요. 여기저기 뿅뿅 뚫려 있는 수많은 작은 구멍이지요. 이 구멍을 뚫은 주인공이 바로 갯지렁이입니다.

갯지렁이는 뭍에 사는 지렁이가 땅을 기름지게 하듯이 갯벌이 썩지 않게 도와줘요. 끊임없이 갯벌 속을 헤집고 다니면서 구멍을 뚫어 갯벌 깊숙한 곳까지 숨을 쉬게 하지요.

칠게, 농게, 달랑게, 밤게 등 게류

갯벌에는 게들이 참 많아요. 갯벌에서 흔히 볼 수 있는 게는 칠게, 농게, 방게, 밤게, 달랑게, 집게 등이에요. 서해안 갯벌에서 흔히 볼 수 있는 칠게는 대규모로 집단을 이루며 살아요. 작은 미생물이나 죽은 물고기나 조개의 살점을 뜯어먹지요.

농게 역시 서해안 갯벌에 많이 사는데, 무리 지어 나와 먹이를 찾을 땐 장관을 이루지요. 깨끗한 모래 갯벌에 구멍을 깊게 파고 사는 달랑게는 죽은 물고기는 물론이고 음식 찌꺼기까지도 깨끗이 먹어 치워 '바닷가의 청소부'라고 부른답니다.

바지락, 맛조개, 꼬막, 굴 등 조개류

갯벌에 사는 생물 중 사람의 먹을거리로 가장 높은 비중을 차지하는 것은 조개류예요. 국물 맛을 내는데 최고인 바지락은 모래나 진흙 속의 식물성 플랑크톤을 먹고 살아요. 갯벌 상태에 따라 무늬가 다양하지요.

무침과 탕 등 다양한 요리가 가능한 맛조개는 해변의 모래나 갯벌에 구멍을 파고 살아요. 길이가 12cm 정도로 길고 껍데기가 대나무색이지요. '바다의 우유'로 불릴 정도로 영양이 풍부한 굴은 바닷가 바위에 다닥다닥 붙어살아요.

문어과의 낙지

문어와 비슷하게 생긴 낙지는 눙그런 봄동에 가는 다리가 8개 날려 있어요. 몸에 뼈가 없어서 흐느적거리며 움직이지요. 갯벌 속 깊이 구멍을 파고 사는데, 주로 밤이 이슥해지면 갯벌 위로 기어 나와 게, 새우, 굴, 조개, 작은 물고기 등을 잡아먹지요.

76

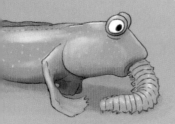

갯벌에 기대 사는 생명

갯벌은 다양한 생물들의 서식지입니다. 수많은 생명이 갯벌에서 먹고살고, 또 이들을 양식으로 삼아 먹고 살아가지요. 바다거북과 같은 바다 동물은 갯벌에 와서 알을 낳고 부화시켜 다시 바다로 돌아갑니다. 또 수많은 물새와 철새는 물론이고, 사람들도 갯벌에서 게, 조개, 낙지, 물고기들을 잡아 생활하고 있어요.

　철새는 계절에 따라 이동해요. 주로 기후 변화에 적응하고 먹이가 풍부한 곳을 찾아가는 것이지요. 우리나라보다 더 북쪽에서 번식하고 더 남쪽에서 겨울을 나는 새들은 봄과 가을에 우리나라를 거쳐 날아 갑니다.

　이런 종류의 새들은 다른 새들보다 훨씬 더 먼 거리를 날아가야 해요. 도요새 종류는 거의 1만 km 가까이, 또는 그 이상을 날아가야 하는데, 중간에 잠시 쉬면서 충분한 영양을 섭취해야 생존할 수 있어요. 우리나라 갯벌은 이런 수많은 새에게 매우 중요한 쉼터가 되어 주지요.

오랜 비행으로 지친 철새들은 갯벌에서 먹고 쉬며 재충전해요.

겨울 철새의 안식처

겨울에는 우리나라보다 더 추운 지역에서 겨울 철새가 날아옵니다. 겨울 철새에게 우리나라 겨울은 따뜻하고 살기 좋은 곳이지요. 갯벌은 먹잇감이 많아 편안한 안식처가 되어 줘요. 우리나라를 찾는 겨울 철새 중에는 몸 크기가 크고 귀한 새들이 많이 있어요. 이런 종류들로는 두루미, 큰고니, 흑고니 등이 있는데, 그 수가 많지 않아 우리나라에서는 멸종 위기 야생 동물로 지정하여 보호하고 있어요.

6 소중한 땅 갯벌을 지키는 방법

사람들은 많은 갯벌이 사라지고 나서야 비로소 갯벌이 얼마나 소중한 땅이었는지를 깨달았어요. 그리고 한번 메워 버린 갯벌은 원래대로 되돌릴 수 없다는 것도 알았지요. 이제 방법은 하나예요. 남아 있는 갯벌이라도 잘 지키고 보호하는 거지요. 갯벌이 살아야 다양한 생명이 살고, 다양한 생명이 살아야 우리도 함께 건강하게 살아갈 수 있답니다.

습지 보호를 위한 약속

습지의 사전적 의미는 '물기가 있는 축축한 땅', '물을 담고 있는 땅'이에요. 간단하게 말해 바닷물을 품고 있는 갯벌은 물론이고, 육지의 연못, 호수, 늪, 저수지, 운하, 개울 등 물이 있는 지역이지요. 습지는 다양한 생명체를 낳고 키웁니다. 수많은 생명체에게 서식지를 제공하고, 생태계를 유지하지요.

그런데 그동안 인류는 습지를 보호하기보다 개발하기에 바빴어요. 그러다 보니 1900년 이후 지구상의 습지 50%가 사라졌고, 1950년대 이후부터는 더욱 가속화되었어요. 습지가 사라지면 생물 다양성이 사라지고 자연 생태계가 파괴됩니다. 습지를 보호해야 자연 생태계가 살아나지요.

습지 보호를 위한 최초의 국제 협약, 람사르 협약

람사르 협약은 자연 자원과 물새가 서식하는 습지를 보호하기 위해 체결한 국제 협약이에요. 1971년 이란의 람사르에서 체결되었기 때문에 '람사르 협약'이라 부르지요. 정식 명칭은 '물새 서식지로서 국제적으로 중요한 습지에 관한 협약'이에요. 습지를 잘 보전해서 물새를 비롯한 동식물들이 멸종되지 않도록 잘 보호하자는 뜻에서 맺어졌어요.

우리나라의 람사르 습지

우리나라는 1997년 101번째로 람사르 협약에 가입했어요. 람사르 습지에 지정되는 습지는 독특한 생물과 지리적 특성이 있거나, 희귀 동물의 서식지이거나, 물새의 서식지로서 중요한 역할을 하는 습지들이에요.

람사르 습지로 지정된 우리나라 습지는 강원도 대암산 용늪, 경남 창녕군 우포늪, 순천만·보성 갯벌, 전남 무안 갯벌, 충남 서천 갯벌, 전북 고창·부안 갯벌, 전남 신안 증도 갯벌, 고양 장항 습지 등 2024년 5월 기준 총 26곳이 등록되었어요.

습지를 건강하게
지키자!

대암산 용늪

오대산 국립공원 습지

고양 장항 습지

강화 매화마름 군락지

한강 밤섬

한반도 습지

송도 갯벌

대부도 갯벌

문경 돌리네 습지

두웅 습지

서천 갯벌

고창·부안 갯벌

무제치늪

우포늪

고창 운곡 습지

무등산 평두메 습지

증도 갯벌

무안 갯벌

순천 동천하구

신안 장도
산지습지

순천만·보성 갯벌

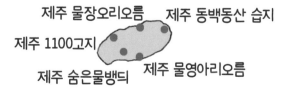

제주 물장오리오름   제주 동백동산 습지

제주 1100고지

제주 숨은물뱅듸   제주 물영아리오름

다른 나라에서는 갯벌을 어떻게 지킬까?

갯벌의 가치를 아는 사람이 점점 많아지고 있어요. 그만큼 갯벌을 보호하자는 목소리도 높아지고 있지요. 미국, 독일, 네덜란드, 일본 등 세계의 여러 나라가 갯벌 보호에 힘쓰고 있어요.

미국은 법과 제도를 만들어 갯벌을 보호하고, 독일은 국립공원으로 지정하여 철저하게 관리해요. 네덜란드는 간척지를 다시 갯벌로 되돌려 놓고, 일본은 짱뚱어를 법정에 세워 다른 생명체도 살아갈 권리가 있음을 널리 알렸어요.

갯벌을 국립공원으로 만든 독일

독일 사람들의 갯벌 사랑은 특별해요. 20여 년 전부터 갯벌을 국립 공원으로 지정하여 보호하고 있지요. 독일의 갯벌은 북해 연안 갯벌 총면적의 60%를 차지해요. 우리나라 갯벌의 두 배가 넘는 넓은 면적 이지요.

이 갯벌을 세 구역으로 나누어 보호하는데, '제1구역'은 갯벌과 갯벌에 사는 생명을 엄격하게 보호하는 구역으로 일반인의 출입이 금지되어 있 어요. '제2구역'은 보호 구역을 둘러싸고 있는 지역으로 새들이 알을 낳 고 새끼를 돌보는 4~7월까지를 빼고는 허락된 길을 따라 산책할 수 있어 요. '제3구역'은 사람들이 자유롭고 드나들 수 있는 휴양지인데, 사실 이 런 휴양 구역은 전체 갯벌의 1% 정도밖에 되지 않는답니다.

미국의 습지 보호 정책

국토가 넓은 미국에는 갯벌만이 아니라 다양한 습지가 발달했어요. 하지만 미국 역시 갯벌을 보호하기보다 개발하기 바빴어요. 그게 더 경제적으로 이익이라고 생각했던 거지요.

그러나 갯벌 매립으로 피해가 돌아오자, 갯벌의 파괴를 막기 위해 법과 제도를 만들었어요. 갯벌에서 할 수 있는 행동과 해서는 안 되는 행동을 일일이 법으로 정해 따르게 한 거지요. 갯벌을 보호하는 활동에는 세금 혜택과 같은 보상을 해 주고, 갯벌을 훼손하는 행위에는 벌금을 물리는 등의 방법을 쓰고 있어요.

인간도 자연의 일부일 뿐이에요.

갯벌은 개발해야 돈이 된다고!

짱뚱어를 법정에 세운 일본

일본의 맨 아래쪽 규슈 지방 서쪽에는 이사하야만 갯벌이 있어요. 이 갯벌에는 갯벌 위를 펄떡펄떡 뛰어다니는 짱뚱어가 많았지요. 그런데 간척 사업이 벌어지면서 살 곳을 잃고 말았어요. 일본 사람들은 짱뚱어를 대신해 일본 정부에 소송을 냈어요. 끝내 공사는 진행되었고 짱뚱어의 권리는 인정받지 못했지만, 이 소송은 사람들의 관심거리가 되었어요. 이 지구상에 인간만이 아니라 다른 생명체도 살아갈 권리가 있다고 생각하게 했지요.

우리가 갯벌을 지키는 방법

우리가 갯벌을 지키는 첫걸음은 더는 개발하지 않는 거예요. 갯벌을 있는 그대로 보전하는 거지요. 그러기 위해서는 우리 갯벌이 그 자체로 얼마나 소중하고 아름다운지 알아야 해요. 갯벌이 품고 있는 생명을 알고, 자연환경에 미치는 영향을 이해한다면 갯벌을 보호하지 않을 수 없을 거예요. 우리나라는 세계가 인정하는 가장 멋진 갯벌을 가지고 있답니다.

갯벌 바로 알기

갯벌은 자연이 내린 선물이에요. 수많은 생명이 깃들어 살고 기대어 살아가지요. 오염 물질을 분해하여 지구 환경을 깨끗하게 하고, 지구의 온도를 조절하는 기능까지 하고 있어요. 우리는 갯벌 없이 건강하게 살아갈 수 없어요. 신비로운 갯벌의 세계를 더 많이 더 정확하게 알아가는 노력이 필요하지요.

갯벌에서 할 수 있는 행동

갯벌에 가면 할 수 있는 게 참 많아요. 먼저 아름다운 경치를 구경할 수 있어요. 드넓은 바다와 끼룩끼룩 바다 위를 나는 물새를 볼 수 있어요. 모래성을 쌓을 수 있고, 해수욕하거나 산책하거나 낚시를 즐길 수 있어요.

또, 갯벌에 사는 다양한 생물들을 관찰할 수 있어요. 사진이나 동영상도 찍을 수 있어요. 그리고 자연 보호 활동도 할 수 있어요. 내가 만든 쓰레기는 물론이고, 주변에 떨어진 플라스틱 등 각종 쓰레기를 줍는 거지요. 갯벌의 주인은 조개, 게, 갯지렁이, 새와 같은 생물들이라는 것을 항상 생각하면 더욱 좋겠지요?

갯벌에서 해서는 안 되는 행동

갯벌은 수많은 생명체가 살아가는 생명의 땅이에요. 그래서 큰 소리로 떠들거나 뛰어다니면 안 돼요. 생물들이 놀라거나 겁먹을 수 있어요. 또 함부로 갯벌 생물들을 잡거나 죽여서는 안 돼요. 맛소금을 뿌리면 갯벌이 거칠어지고, 호미로 갯벌을 긁으면 굴과 조개들이 살기 위해 도망 다녀야 해요.

출입이 금지된 곳에는 들어가지 않아야 하고, 물때에 따라 허락된 시간에만 들어가야 하지요. 그리고 쓰레기를 버려서는 절대 안 돼요. 특히 플라스틱 쓰레기는 미생물도 분해할 수 없어 더욱 위험하지요.

우리가 할 일

우리가 갯벌을 지키는 데는 더 많은 관심과 사랑이 필요해요. 관심과 사랑이 있으면 그 소중함을 알게 되고, 소중함을 알면 아끼고 보호하게 되지요.

갯벌은 우리가 반드시 지켜야 할 소중한 땅이랍니다. 그걸 잊지 않기로 꼭 약속해요!

한국의 갯벌 관련 상식 퀴즈

01 갯벌은 바다의 밀물과   이 만들어요.

02 갯벌은 바다 밑바닥에 흙과 모래 등이 쌓이고 쌓여서 만들어져요. ○ ×

03 갯벌이 만들어지기 위해서는 바닷물이 들어올 때와 나갈 때 바닷물의 높
    이 차이가 커야 해요. ○ ×

04 지구에서 만들어지는 산소의 70% 이상이 숲에서 생산돼요. ○ ×

05 갯벌은 지구의 온도를 조절해요. ○ ×

06 갯벌은 다양한 생물의 서식지가 되고 있어요. ○ ×

07 우리나라는 동해, 서해, 남해로 삼면이   로 둘러싸여 있어요.

08 우리나라 동해는 물이 얕고 밀물과 썰물의 차이가 커서 갯벌이 크게 발달
    했어요. ○ ×

09 갯벌을 메워서 땅을 만드는 일을   이라고 해요.

10 지구와 달 사이에는 서로 끌어당기는 힘인   이 있어요.

11 만조는 하루 중 바닷물이 가장 높이 차올랐을 때예요. ○ ×

12 밀물과 썰물의 차가 가장 클 때는 지구와 태양과 달이 일직선에 놓이는 보
    름과 그믐이에요. ○ ×

13 우리나라에 가장 많은 갯벌은 모래 갯벌이에요. ○ ×

14 혼합 갯벌은 모래와 진흙이 섞여 있는 갯벌이에요. ○ ×

15 한국의 갯벌이 세계가 주목하는 유네스코   이 되었어요.

16 한국의 갯벌은 지구의 생물 다양성 보전을 위해 세계적으로 중요하고 의
    미 있는 서식지 중 하나예요. ○ ×

17 자연의 정화조이자 지구의 허파 구실을 하는 갯벌의 생태적 가치는 숲의 10배, 농경지의 100배 이상이에요. ○ ✕

18 신한 갯벌에는 지구에서 가장 두꺼운 최대 40m의 진흙   이 있어 전 세계 해양생태학자들의 관심을 끌어모으고 있어요.

19 서해안 갯벌은 캐나다 동부 연안, 미국 동부의 조지아 연안, 유럽의 북해 연안, 남아메리카의 아마존강 하구와 더불어 세계 5대 갯벌 중 하나예요. ○ ✕

20 충남 서산의 천수만은 세계 최대의 철새 도래지예요. ○ ✕

21 갯벌은 육지와 바다 사이에 있으면서 오염된 강물을 깨끗하게 걸러 바다로 내보내요. ○ ✕

22 지구 최초의 생명체는 육지에서 태어났어요. ○ ✕

23 굴, 조개, 홍합, 김 등 바다에 사는 각종 생물을 기르는 것을   이라고 해요.

24 소금기가 많은 갯벌에서 사는 식물을 '염생 식물'이라고 해요. ○ ✕

25 바닷속 바위에 붙어사는 미역이나 다시마는 갈색빛을 띠어 홍조류라고 해요. ○ ✕

정답
01 썰물 02 ○ 03 ○ 04 ✕ 05 ○ 06 ○ 07 바다 08 ✕ 09 간척
10 인력 11 ○ 12 ○ 13 ✕ 14 ○ 15 세계 유산 16 ○ 17 ○ 18 퇴적층
19 ○ 20 ○ 21 ○ 22 ✕ 23 양식 24 ○ 25 ✕

한국의 갯벌 관련 단어 풀이

광합성 녹색식물이 빛 에너지를 이용해 이산화탄소와 수분으로 영양분을 만드는 과정.

노폐물 우리 몸에서 에너지를 얻는 데에 쓰이고 남은 찌꺼기. 날숨, 오줌, 땀, 대변 등에 섞여 몸 밖으로 내보내진다.

무척추동물 등뼈(척추)가 없는 동물.

밀물 바다로 빠져나간 물이 다시 육지 쪽으로 밀려드는 것.

박테리아 세균. 생물체 가운데 아주 작은 단세포 생물.

삼각주 강이 바다로 들어가는 어귀에, 강물이 운반하여 온 모래나 흙이 쌓여 이루어진 편평한 지형.

서식지 생물이 일정한 곳에 자리를 잡고 사는 곳.

석호 사주, 사취 등이 만의 입구를 막아 바다와 분리되어 생긴 호수.

썰물 바닷물이 바다 쪽으로 빠져나가는 것.

원심력 원운동을 하는 물체나 입자에 작용하는, 원의 바깥으로 나아가려는 힘.

인력 끌힘. 공간적으로 떨어져 있는 물체끼리 서로 끌어당기는 힘.

자전 천체가 스스로 고정된 축을 중심으로 회전하는 것.

정화 불순하거나 더러운 것을 깨끗하게 함.

조석 달, 태양 등의 인력에 의해 해수면이 주기적으로 높아졌다 낮아졌다 하는 현상.

조차 밀물과 썰물 때의 해수면 높이의 차이.

천연기념물 국가에서 지정하여 법률로 보호하는 동물, 식물, 지형 따위의 자연유산.

침식 빗물, 하천, 빙하, 바람 등의 자연 현상이 땅거죽을 깎는 일.

퇴적물 부서진 암석이나 생물의 유해 등이 흐르는 물이나 파도, 바람, 빙하, 중력 따위의 작용으로 운반되어 땅 표면에 쌓인 것.

하구 강물이 바다로 흘러 들어가는 어귀.

해일 해저의 지각 변동이나 해상의 기상 변화에 의하여 갑자기 바닷물이 크게 일어서 육지로 넘쳐 들어오는 것.

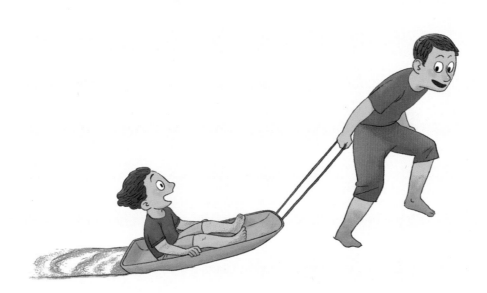